おもしろ "紙学"

紙の未来とわたしたちの生活

エコ
紙はやさしいんだ!
環境を守ってくれる

もくじ

本書は2019年9月時点で入手した情報に基づいて編集しています。

序章

地球環境を
守らなければ

かんきょう

わたしたちが生活をすると、
毎日たくさんのごみが出ます。
この章ではごみについて考えてみましょう。

いま地球は

　地球の総人口は約76億人といわれています（2019年現在）。ところがいま地球は、空気や水がよごれたりして、わたしたち人間をふくめて生きものが生活しにくくなっています。これを地球環境が悪くなっているといいます。ではなぜ地球の環境が悪くなっているのでしょうか。

地球の温度が上がっていく

　人間が働き、生活をするときに火を使ったり、たくさんの電気を使ったりします。そうすることで、どうしても二酸化炭素という空気中の物質がふえていきます。

　この二酸化炭素が地球の気温を上げてしまうことがあるといわれています（地球温暖化といいます）。

　JCCCA（全国地球温暖化防止活動推進センター）によると、温暖化によって次のようなことが起こるそうです。

- ・海面が上昇する
- ・絶滅する動物や植物がある
- ・異常気象がふえる
- ・食料が不足する
- ・暑い地域の病気が各地で流行する

2100年には

　地球温暖化が続くと80年後の2100年までに最悪の場合、世界の平均気温が４.８度高くなり、地球の海面が82cm高くなると予測されています。

　地球温暖化によって、世界の国ぐにの気温が上がったり、大きな嵐が起こったりするなど気象の変化が起こり、多くの島や海岸に近い土地が海にしずんでしまうことになるかもしれないのです。

　地球温暖化は急に起こるのではなく、わたしたちが知らないうちに進んでいて、気がついたときにはもう手おくれになってしまうのです。

　2100年というと、まだ80年も先のことで、想像ができませんが、わたしたちの子どもや孫の世代も安心して生活ができるように地球環境を考えて生活していかなければなりません。

分解されないごみ

ぶんかい

地球温暖化は一人の力ではどうすることもできない大きな問題です。
しかし、わたしたち一人ひとりが気をつけることで、少しでも地球温暖化
を防ぐことができるかもしれません。

なくてはならないもの

わたしたちが毎日生活する中で、プラスチック製品が多いことに気がつき
ませんか？

ペットボトルやレジ袋、またスーパーマーケットやコンビニエンスストアで売られているおべんとうの入れ物などはプラスチック製品です。学校で使う、下じきやクリアファイル、ボールペンなどもあります。軽くて、じょうぶで、わたしたちの生活になくてはならないものとなっています。

でもそれが使い終わって、ごみとしてすてられてしまうとどうなるでしょうか。

500年も残る

プラスチック製品は1950年ごろにアメリカで作られるようになりました。それ以降、世界で製造されたプラスチック製品の量は約83億トン（1トン＝1000キログラム）といわれています。

ペットボトルやレジ袋をはじめとしたプラスチック製品は使い終わると、もやす、土にうめる、リサイクルするという方法で処分します。

もやすと4ページで説明したように、二酸化炭素がふえて、地球温暖化を進めることになります。

では土にうめてしまえばよいかというと、それも困ったことになります。なぜならプラスチック製品は土の中でも500年は残るといわれているからです。

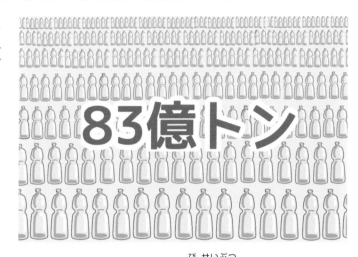

83億トン

木や紙、生ごみなどは、土にうめると、土の中にいる微生物という目に見えない小さな生きものによって分解されて、土にもどっていきます。

ところがプラスチック製品は、主に石油と人間が作った薬品をまぜて作ります。これまでに自然界になかったものなのです。そのため微生物はプラスチック製品を分解することができないのです。

土にもどらないプラスチック製品をうめ続けると、処分する場所がなくなってしまうのです。

ごみの処理が追いつかない

500年も残ってしまうプラスチックのごみ。すてられたプラスチックごみはいったいどうなっているのでしょうか。

東京ドーム60000杯も

　廃棄物工学研究所が調べたところ、2010年の世界中のすべてのごみの量は約105億トン。このままでは2050年には約223億トンになるそうです。東京ドームをごみ箱にたとえて計算すると、なんと60000杯にもなります。

　世界中のごみは、もやす、地中にうめる、リサイクルするなどいろいろな方法で処理されていますが、特にプラスチックごみの処理は追いつかないようです。

　それは、アメリカや日本などが使用済みのプラスチック製品をこれまでに中国や東南アジアの国ぐにに輸出していることからもわかります。

　※中国は2017年末から受け入れなくなりました。

海の生きものが

　プラスチック製品は、レジ袋をはじめ、ペットボトルや食品容器、ストローなどさまざまなものに使われています。ところが使い終わるとほとんどがすてられてしまいます。

　1950年以降に世界で製造されたプラスチック製品の量は83億トンで、うち63億トンがごみとしてすてられたそうです。

そのうちリサイクルされたのはたった９パーセントで、2010年には800万トン近くのプラスチックごみが海に流れこんだそうです。

　プラスチック製品はすてられると、海や土の中では分解されず、500年も残ってしまいます。

　海に流れ出したプラスチックごみは、世界中の海岸におしよせ、漁業のじゃまになり、また美しい砂浜をよごしてしまいます。

　レジ袋は、海に流れ出すと、ふわふわとういてクラゲのように見えることがあります。それをエサとまちがえてウミガメや大きな魚が飲みこんでしまうそうです。するとレジ袋はおなかの中でもとけないため、胃や腸の中に残り続け、やがて本当のエサを食べることができなくなり、弱って死んでしまうこともあります。

　プラスチックごみは、人にとっても生きものにとっても困ったものなのです。とくに海の生きものは、プラスチックごみに痛めつけられているといえるでしょう。

プラスチックのビールケースにはさまったウミガメ。海でういているところを救出、保護され、また海へと放流されました。(写真提供：エバーラスティング・ネイチャー)

海岸に流れ着いたプラスチックごみ
（写真提供：一般社団法人ＪＥＡＮ
http://www.jean.jp）

わたしたちが出すごみは

わたしたち日本人が出すごみの量はいったいどのくらいあるのでしょうか。

東京ドーム115杯(はい)

920 g

わたしたちが毎日の生活で出すごみの量は、1年間で4289万トン。東京ドームをごみ箱にするとなんと115杯(はい)にもなります。1人当たり1日920グラムのごみを出していることになります。

　ごみというと、思いうかぶのは紙のごみ。学校で使ったプリント、おやつで食べたおかしの箱などです。それからごはんを作ったときに出る野菜くず、食べ終わった魚のほねなどの生ごみもあります。

　そのほかに、レジ袋(ぶくろ)やペットボトルなどのプラスチックごみ。びんやかん、着古したシャツや洋服、落としてわってしまったコップやおちゃわん、こわれて使えなくなった電気製品(せいひん)、そしてそうじきですったごみやほこり、かみの毛など、身の回りで使い終わったものなどはみんなごみとなります。

　ごみはわたしたちの住んでいる町で決められた通りにすてるのはもちろんのこと、次の章で説明しますが、むだに使わない、再利用(さい)するということが大切になってきます。

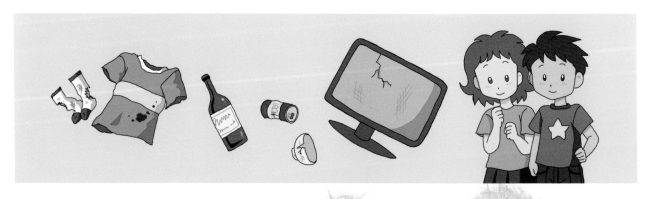

第1章

なぜごみが
ふえてしまったの？

序_{じょ}章で説明したように、
わたしたちは毎日たくさんのごみを出しています。
そのごみをきちんと処理_{しょり}しないと、
わたしたちの地球は、
ごみだらけになってしまうかもしれません。
ではどうすればよいのでしょうか。

プラスチック製品ができる前は

わたしたちの身の回りには、たくさんのプラスチック製品があります。いつごろできたのでしょうか。

買い物かごを持って

今から約60年前の1960年ごろに、野菜や肉、魚を入れるプラスチック容器が誕生しました。

それまでは、レジ袋などなく、買い物には竹や籐という植物で編んだ買い物かごを持っていきました。

野菜を買うと、お店の人が新聞紙に包んでくれて、それを買い物かごに入れます。

今、とうふはパックされていますが、そのころはなべを持ってとうふ屋さんにいきます。お店の人が水といっしょにとうふを入れてくれて、くずれないように大事に持って帰りました。

肉や魚は、松や杉を紙のようにうすくした経木や竹でできた竹皮で包んでいました。

なっとうも今のようにパック入りでなく、経木やわらで包まれたものが売られていました。

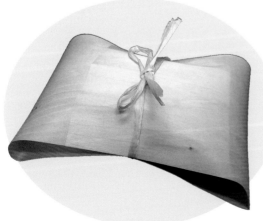

食品を包むために使われた経木

スーパーマーケットとともに

　それまで、プラスチック製品（せいひん）がまったくなかったわけではありませんが、まだまだめずらしいものでした。

　ところが1960年代中ごろから1970年代にスーパーマーケットが日本各地にでき、それとともに、肉や魚などの食品がプラスチック容器（ようき）に入れて販売（はんばい）されるようになりました。

　プラスチック容器（ようき）は、じょうぶで軽く、透明（とうめい）で中の食品がよく見えるため、売る人たちにもお客さんにもよろこばれ、どんどん広まっていきました。

　1970年代にはコンビニエンスストアや持ち帰りべんとうのお店が誕生（たんじょう）し、どんどんふえていきます。

　野菜や魚などの食材だけでなく、プラスチック容器（ようき）に入った調理済みのおかずやおべんとうが販売（はんばい）されることがさかんになってきました。

人びとの意識の変化

12〜13ページで説明したように、わたしたちの生活の中にプラスチック製品がどんどん入ってきました。便利なプラスチック製品を使うことでわたしたちの意識はどう変わっていったのでしょうか。

コンビニの売り上げが20倍に増加

プラスチック製品がわたしたちの生活に入りこんできたことは、コンビニエンスストアの売上高の変化を見てもわかります。

1983年には日本中のコンビニの売上高が6100億円でしたが、35年後の2018年には約11兆円となり、ほぼ18倍にふえています。

コンビニでは調理済み食品などが売り上げの約65パーセントをしめていますから、プラスチック食品容器やプラスチック包装がたくさん使われていることが想像できます。

●コンビニの売上高の変化●

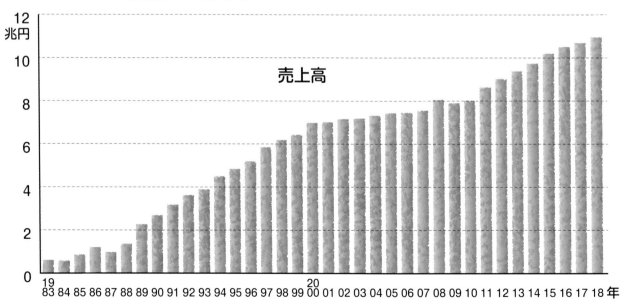

（日本フランチャイズチェーン協会調べ）

大人たちは忙しい毎日を送っています。ですからコンビニやスーパーマーケットで、調理済み食品を買って、食事の時間を短くしたい、食事の準備を簡単にしたいという気持ちが強くなっているようです。これは次の農林水産政策研究所の調査からもわかります。

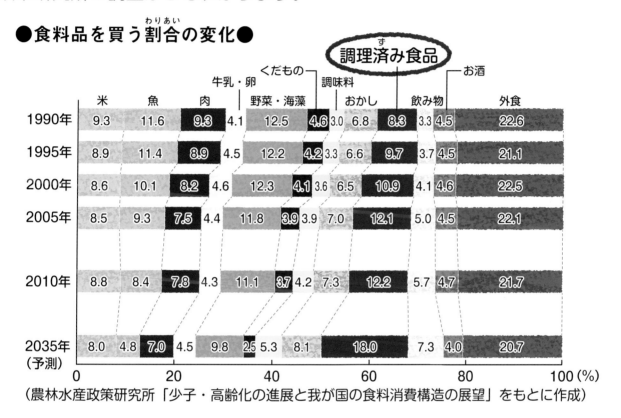

●食料品を買う割合の変化●

	米	魚	肉	牛乳・卵	野菜・海藻	くだもの	調味料	おかし	調理済み食品	飲み物	お酒	外食
1990年	9.3	11.6	9.3	4.1	12.5	4.6	3.0	6.8	8.3	3.3	4.5	22.6
1995年	8.9	11.4	8.9	4.5	12.2	4.2	3.3	6.6	9.7	3.7	4.5	21.1
2000年	8.6	10.1	8.2	4.6	12.3	4.1	3.6	6.5	10.9	4.1	4.6	22.5
2005年	8.5	9.3	7.5	4.4	11.8	3.9	3.9	7.0	12.1	5.0	4.5	22.1
2010年	8.8	8.4	7.8	4.3	11.1	3.7	4.2	7.3	12.2	5.7	4.7	21.7
2035年(予測)	8.0	4.8	7.0	4.5	9.8	2.5	5.3	8.1	18.0	7.3	4.0	20.7

（農林水産政策研究所「少子・高齢化の進展と我が国の食料消費構造の展望」をもとに作成）

ますますふえる

このような調査から、プラスチック食品容器や飲み物のペットボトルの使用量はますますふえていくと思われます。

しかし食べ物に関してだけでも、このままプラスチック製品を使い、使い終わるとすててしまう生活を続けていけば、地球上はプラスチックごみがあふれかえってしまうことになりかねません。

では、わたしたちはどうすればよいのでしょうか。そのヒントを次のページで説明していきましょう。

5R＋2Rでごみをへらそう！

3R（スリーアール）とか4R（フォーアール）という言葉を耳にしたことはないでしょうか。

3Rとはなに？

　3Rとは、リサイクルに関して、使うもの、使い終わったものに対してわたしたちが行うべきことを英語で表し、その頭文字をとった言葉です。

①Reduce：（リデュース）ごみの量そのものをできるだけへらすこと。たとえば食べ物を買う前に冷蔵庫の中身をちゃんと調べ、できるだけ使い切って生ごみをへらす。

②Reuse：（リユース）一度使われたものをそのままの形で再び利用すること。たとえばお酒の入ったびんやビールびんなどは、使ったあとまた中をきれいに洗い、新しく中身を入れて何度も使う。

③Recycle：（リサイクル）いらなくなったものを回収し、とかしたりこなごなにしたりして再び利用すること。たとえば何回かリユースしたジュースのびんはだんだんいたんできて、びんとして使うことが危なくなってきたら、とかしてもう一度ガラス製品に再生する。

　この3つのRは地球環境を守るにはとても大切なことで、世界の多くの人たちが関心をもっています。最近ではそれにもうひとつRを加えた4R（フォーアール）が注目されています。

４Ｒとは

３つのＲに加えて

・Refuse：（リフューズ）不要なものやよけいなものを買わない、もらわない、があります。

先ほどの①Reduce（リデュース）の前にくる考え方です。つまりごみを出す前に、使うことをやめてしまおうというものです。

最近では買い物にマイバッグを持っていき、レジ袋をことわる人がふえています。これもRefuse（リフューズ）です。

５Ｒの順番には意味があります

ところが環境先進国といわれているドイツなどでは、さらにもうひとつのＲが加わり、５Ｒ（ファイブアール）という考え方が当たり前になっています。

それは、Repair：（リペア）必要な修理をして長く使うこと、です。

つまり、こわれたものをすぐにすててしまうのではなく、できるだけ直して長く使おうという考え方です。

ドイツの人は、家も車も電気製品も自転車も、修理して大切に長く使います。

ドイツの家では外かべに「Seit1900」などと書いてあることがあります。これは「わが家は1900年からこの家に住んでいます！」という意味で、長く住んでいることがその家の人のほこりとなっています。

このようにごみをへらすために、さまざまなＲがあるわけですが、大切なことはその順番。たとえば便利で快適な生活をするために、たくさんものを買いこんだりもらったりした結果、それらがいらなくなったとき、ごみにするのはよくないからリサイクルしようというのは順番まちがいです。

ものをあふれさせたあとでリサイクルを考えるよりも、まずは買ったりもらったりする前に①のRefuse（よけなものを買わない・もらわない）から始め、次に②⇒③⇒④⇒⑤という順番で考えて生活することが、今後とても大切になってきます。

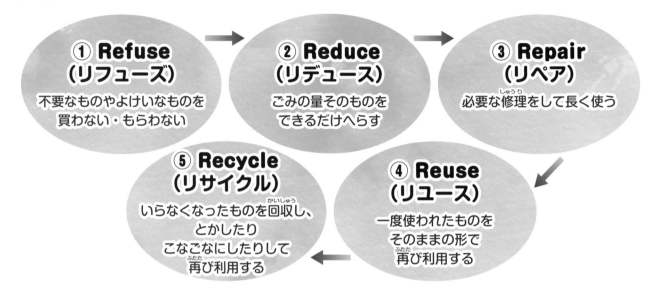

さらに２Ｒ（ツーアール）で

　５Ｒ（ファイブアール）のことを学んだあとは、実行していきましょう。そのためには次の２つのＲがとても大切なことになります。

①Rethinking：（リシンキング）もう一度自分たちの生活を考え直すこと。
　たとえば買い物をするとき、「本当にこれは必要なのか？」、またごみをすてようと思ったとき、「これは本当にごみにしかできないか？」ということをしっかり考えてみましょう。

②Restart：（リスタート）新たな未来に向かって再出発。
　５Ｒを理解し、その順番の大切さがわかったら、自分たちの生活をもう一度考え直してみましょう。そして未来に向かってみんなで再出発しましょう！！

第2章

紙のことを知ろう

序章、第1章では、ごみが原因となって、わたしたちの住む地球は大きな問題をかかえていることを説明しました。わたしたちが日ごろからよく使うノートやプリントなどの紙はどうでしょうか。紙は使い終わったあともリサイクルして再び紙にもどして使うことができ、とても環境にやさしいのです。この章では、環境にやさしい紙作りの様子や環境にやさしい材料を使った紙を紹介しましょう。

紙の歴史を学ぼう

紙がどのように人びとに使われるようになったのか、その歴史を学んでみましょう。

中国で発明された紙

これまでの調査では、今から約1900年前（西暦105年）に、中国で作られたそうです。

そのころの中国は、後漢という時代でした。そのときの皇帝（王様）が蔡倫という役人に命じ、研究を重ねたすえに、紙ができました。

蔡倫が発明する200年以上前に紙はあったのですが、文字を書くための紙ではなく、当時とても大事に使われていた銅でできた鏡をはじめ、大切な品じなを包むものとして使われていたようです。

蔡倫

日本に紙が伝わったのは今から1400年ほど前の610年。日本のとなりの朝鮮半島からきたお坊さんが、紙を作る技術を日本に伝えました。

中国からヨーロッパへ

　中国で発明された紙は、日本と反対の西の方角の国ぐににも伝わりました。

　中国は歴史をたどるといろいろな皇帝が国を治めていましたが、今から1400年近く前は、唐という国でした。その唐がイスラム帝国という国と戦ったときに、中国の兵隊がとらえられました。その兵隊の中に、紙を作る技術をもった人が何人もいたようです。

　その人たちが、紙の作り方を伝え、今の中東アジアやアフリカ、そして今から900年ほど前の12世紀にヨーロッパの国に伝わりました。

　そして15世紀ごろにはフランスやイギリスなどヨーロッパ全土に伝わりました。17世紀にはアメリカに紙の技術が伝わっていきました。

※主要場所のみ記載しています。
出典：紙の博物館

紙はこうして作られる

紙を作るには、木から作ったパルプや使い終わった紙（古紙といいます）を利用したパルプを使います。紙が作られる工程（こうてい）を見ていきましょう。

パルプってなに？

木の種類には大きく分けて２種類あります。

①針葉樹（しんようじゅ）：葉の先がとがっていて細い。また幹（みき）がまっすぐのびている。

②広葉樹（こうようじゅ）：葉が広くて平たい。幹（みき）は太くて曲がっていることが多く、枝（えだ）が分かれている。

針葉樹（しんようじゅ）から取れるパルプのせんいの長さはおよそ3.5mm。広葉樹（こうようじゅ）のほうはおよそ1.5mm。強くてやぶれにくい紙を作るには針葉樹（しんようじゅ）パルプを使い、ちらしやコピー用紙などの印刷用紙には広葉樹（こうようじゅ）パルプを主に使います。

木材をくだいてしょうぎのこまほどの大きさにしたものを木材チップといいます。その木材チップを

・薬品で煮（に）て作ったものを化学パルプ

・機械ですりつぶして作ったものを

　機械パルプ

　といいます。

古紙パルプ

化学パルプ

機械パルプ

木や古紙からできたパルプ（写真提供：日本製紙株式会社）

パルプをたたいて

　紙は木から作ったパルプをそのまま水にとかして作るわけではありません。まずはパルプをたたいてせんいの表面から小さな細かいせんいを毛羽立たせ、枝状（えだじょう）に分かれさせることがとても重要。これを叩解（こうかい）とよびます。これによりせんい同士（どうし）が強くくっつくのです。

　叩解（こうかい）したパルプに古紙パルプなどをまぜたりしながら　インキなどのにじみを防（ふせ）ぐ薬品、表面のなめらかさをよくする薬品やせんい同士（どうし）のくっつく力を強める薬品、白さを強めたり、読みやすく目が疲（つか）れないようにうすい黄色にする染料（せんりょう）などを加えます。

　紙を作ることは昔から「抄（す）く」といわれていました。そのため紙を作ることを抄紙（しょうし）といいます。次のように抄紙機（しょうしき）という機械を使って作ります。

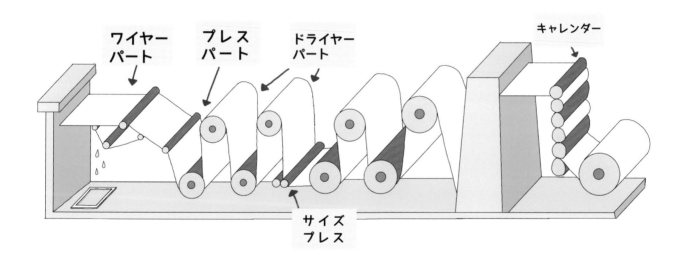

①ワイヤーパート：水でとかしたパルプを金属（きんぞく）やプラスチックのあみ（ワイヤー）にふきつけます。水分はあみの下にぬけ、あみの上にはせんいが広がります。これが紙のもとになります。

②プレスパート：水分をふくんだ紙をフェルトの布（ぬの）に乗りうつらせ、ローラーとローラーの間に通してさらに水分をしぼります。

③ドライヤーパート：ローラーの中に熱い蒸気をいれて表面を熱くし、その熱でぬれた紙をかわかします。

④サイズプレス：紙の表面に薬品などをしみこませ、せんいがはがれないようにします。

⑤キャレンダー：ロールで押しつぶして紙の表面をなめらかにします。

※塗工：紙の種類によっては紙の表面に塗料をぬって印刷に適した工夫が行われます。

古紙を使って紙を作るには

古紙を古紙パルプにするまでに、クリーナーとよばれる機械でごみやちりをきれいに取りのぞきます。

フローテーターという機械で、洗剤のあわのようなものにインクをくっつけてせんいとインクをはなすと、白い古紙パルプができ上がります。

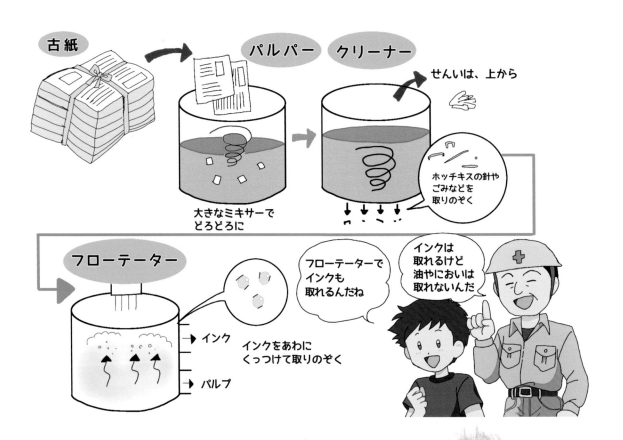

平安時代から大事にしていた

　紙を大切に使うことは環境<ruby>環境<rt>かんきょう</rt></ruby>にやさしいことです。じつは古くから紙を大切に使っていたのです。

今から1100年前に

　今から1100年も前、京都に都があった平安時代といわれる時代から紙を何度も再利用<ruby>再<rt>さい</rt></ruby>利用していました。

　そのころの紙は、貴重<ruby>貴重<rt>きちょう</rt></ruby>でだれでも使えるものではありませんでした。都に住む、身分の高い人たちが使うものでした。

　そのため文字が書かれ、一度使った紙を抄<ruby>抄<rt>す</rt></ruby>きなおしていました。このころの技術<ruby>技術<rt>ぎじゅつ</rt></ruby>では墨<ruby>墨<rt>すみ</rt></ruby>を取りのぞくことができなかったので、真っ白でなく、うすい墨<ruby>墨<rt>すみ</rt></ruby>の色（灰色<ruby>灰<rt>はい</rt></ruby>色）をしていて、「薄墨紙<ruby>薄墨紙<rt>うすずみがみ</rt></ruby>」とよばれていました。

　今から400年ほど前の江戸時代<ruby>江戸<rt>えど</rt></ruby>になると、紙もたくさん作られ、値段<ruby>値段<rt>ねだん</rt></ruby>も安くなってきました。さらに330年ほど前になると、古紙を抄き返した浅草紙<ruby>浅草紙<rt>あさくさがみ</rt></ruby>といわれる紙がありました。

　これは今でいう再生紙<ruby>再生紙<rt>さいせいし</rt></ruby>のティッシュペーパーやトイレットペーパーで、町の人びとが気軽に使えるほどになりました。

　また江戸時代<ruby>江戸<rt>えど</rt></ruby>には本が作られ、瓦版<ruby>瓦版<rt>かわらばん</rt></ruby>という新聞が売られ、紙がたくさん使われました。しかし紙を使いすてにするのではなくリサイクルして何度も使うようにしていました。

　今と同じように古紙を集める仕事をする人や紙くずをひろって集めるという仕事もあったほどです。

浅草紙<ruby>浅草紙<rt>あさくさがみ</rt></ruby>（紙の博物館所蔵）

エネルギーもむだにしない

　　紙を作るには水と電力が必要です。製紙工場ではその水と電力も大切に使っていて、少しでも地球にやさしい紙作りをする努力をしています。

水はきれいにして何度も使う

　製紙工場は地球の大切な資源である水をたくさん使います。新しい水をできるかぎり使わずに、一度使った水を何度も利用します。

　その水は、工業用のきれいな水で、川の水も使います。川の水はタンクに集め、ごみやちりを下にしずめ、上側のきれいな水だけを使うようにしています。

　古紙をとかしたり、インクを取りのぞいたりして、よごれがひどくなった水は使わず、川に流すことになります。

　よごれた水をそのまま流してしまうと、川や海もよごしてしまうので、次のようにします。

①バクテリアを使ってにおいを取る

　水にバクテリアという小さな菌をまぜて、チッソやアンモニアという物質を食べてもらいます。すると、においが取りのぞけます。

②薬品を使ってごみをしずめる

　凝集剤という薬を水にまぜると、紙には使えない短いせんいやごみがタンクの下にしずみます。上のきれいになった水だけを川に流します。

製紙工場では水をきれいにし何度も利用している

　タンクにしずんだごみなどはかわかして、工場の中のボイラーという機械でもやし燃料として使っています。

パルプを作ったあとの液体も燃料に！

　薬品を使ってパルプを作ると、できたあとに薬品がまざった液が残ります（黒液といいます）。これはもやすことができるため、ボイラーで燃料として使うことで、石油や電気などを使う量をへらすことができます。

　黒液のほかに、水をきれいにするときに出てきたごみ、古紙として回収されたふうとうについていた透明のフィルム、ガムテープ、また古紙をたばねていたビニールひもも燃料として使います。

　さらに、それらをもやすと灰になりますが、これもセメントの材料としてセメント工場に送られます。

　このように製紙工場では水、そしてごみや灰までも再利用して、地球にやさしい紙作りをしているのです。

パルプ廃液（黒液）

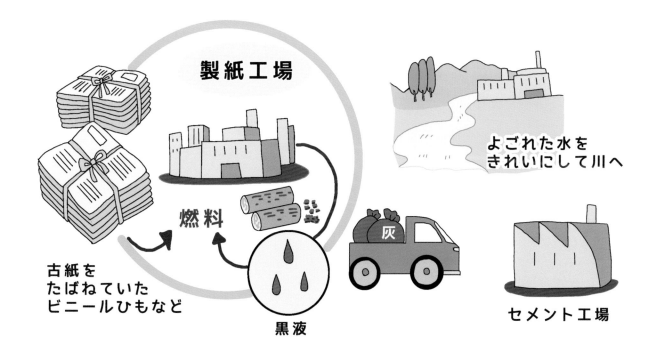

製紙工場

よごれた水をきれいにして川へ

燃料

古紙をたばねていたビニールひもなど

黒液

灰

セメント工場

（26～27ページの写真提供：大王製紙株式会社）

紙のストローって？

8〜9ページで、プラスチックごみによる海の生きものへの被害（ひがい）についてふれました。ここではわたしたちがジュースなどを飲むときに使うストローについて考えてみましょう。

かわいそうなウミガメ

2018年にハンバーガーでおなじみのマクドナルドなどの世界的なチェーン店が、アメリカやイギリスなどで、プラスチックのストローを使わないと発表しました。

また日本でもファミリーレストランのすかいらーくグループがドリンクバーではプラスチックストローをおかないと発表しました。

このような動きのきっかけは、2015年にコスタリカという国の海で、鼻にプラスチックストローがささっているウミガメが見つかり、そのストローを鼻からぬきとるという動画でした。

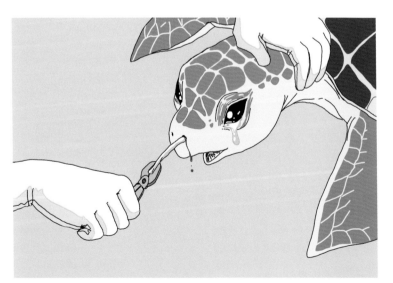

苦しむウミガメの姿（すがた）を見てかわいそうに思った世界中の人たちが、すてられたプラスチックストローが生きものを苦しめていることを知り、使うのをやめようという動きにつながったようです。

地球環境にはやさしくない

プラスチックストローを使わないという動きから、紙のストローに変えようという動きもあります。

じっさいに紙のストローが販売されていますが、値段が高い、飲み物につけているとふやけてくるという理由などからプラスチックストローがすべてなくなるのはむずかしいようです。

しかし日本製紙という会社が、2時間飲み物につけてもふやけない紙のストローを2019年4月から販売開始しました。紙のストローを使うことが当たり前になる時代が来るかもしれません。

しかし、紙のストローにしても、プラスチックストローにしても1回使うとすてられてしまいます。

「こんな小さなストローくらいすてったってだいじょうぶ」と思う人が多いため、リサイクルされることはあまりありません。これでは紙のストローに代えたとしても地球環境にはやさしくないでしょう。

16〜18ページで説明したように、わたしたちは、使わなくてもよいものは使わない、リサイクルできるものはリサイクルするということを頭に入れて生活していくことが大事ではないでしょうか。

Refuse

Reduce

Repair

Reuse

Recycle

非木材から作った紙

紙は木のパルプと古紙のパルプから作られますが、そのほかに「非木材」から作る環境にやさしい紙もあります。

非木材ってなに？

聞きなれない言葉ですが、たとえばみなさんがよく知っている竹は「非木材」です。また川のそばや池、沼地に生えているアシもそうです。

このような非木材とよばれる植物は紙の原料にもなります。木材からできたパルプにまぜて紙を作るため、環境にやさしいといわれています。

サトウキビやアブラヤシという植物や麦などは農作物として育てられ、実を取ったり、しぼったりしたあとはすてられてしまうものです。それらを紙の原料として再利用するのです。

また竹やアシ、ススキなども非木材で紙の原料になりますが、もともと自然に生えていたものです。

竹林は定期的に竹を切って間引かないと、荒れてしまいます。アシやススキもかれたままにしておくとく

さって川や池の水をよごすことになります。間引いたり、かり取られたものをもやしたりすてたりするのではなく、紙の原料として使うことは、とても環境にやさしいことなのです。

さまざまな紙に使われる

　非木材からできた紙は、印刷用の紙やふうとう、キッチンペーパーなどに使われています。

　これら非木材を使った製品には「非木材グリーンマーク」がついているのが目印です。

　お店で見かけたら、どのような非木材が使われているか、包装紙を見てみましょう。そしてぜひ一度使ってみてください。

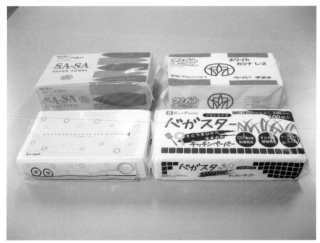 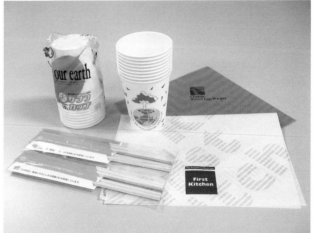

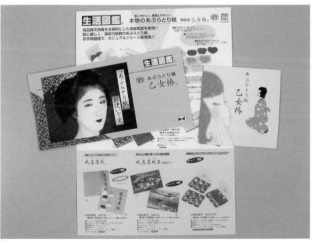 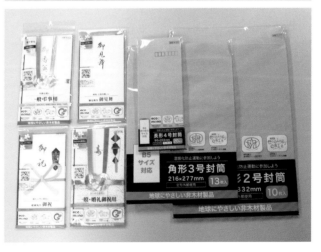

（写真提供：NPO法人非木材グリーン協会）

くだものの皮や枝からできた紙

紙は木のせんいのパルプからできますが、30ページで説明した非木材からもできます。また次のようなものから作ることもできるのです。

オレンジの皮や桃の枝を使って

　みなさんは、りんごやミカンなどくだものを食べたあとの皮はどうしていますか？　そのままごみ箱にすてますね。

　くだものを使ったジュースを作る工場では、毎日たくさんのくだものの皮が出ます。家畜のエサにされたりしますが、その多くはごみとしてすてられてしまいます。

　すてられてしまうくだものの皮やナッツのカラを使って紙を作っている会社がイタリアにあります。それはFaviniという会社で、オレンジ、キウイ、トウモロコシ、オリーブなどの皮と木のパルプ、古紙パルプを使って紙を作ります。

　また日本では、桃の枝からできた和紙を販売している福島県の三和紙店という会社があります。

　福島県は桃を作る農家が多く、手入れのために桃のよぶんな枝を切ると、すててしまいます。三和紙店では新しい試みとして桃の枝を原料にした美しい和紙「福咲和紙」を広めています。

　イタリアのFaviniも三和紙店もすてられてしまう皮や枝を使う、地球環境にやさしい紙を世に送り出しています。

福咲和紙

（写真提供：株式会社三和紙店）

第3章

プラごみ問題にも
ちょうせん
挑戦！

ぽいすてされ、海や川に流れ出したプラスチック
ごみ（プラごみ）が問題になっています。
プラごみが出ないようにするには
どうしたらよいのでしょうか。
この章では、プラごみをへらすことが期待できる
紙について見てみましょう。

石からできた紙の代わりになるもの

石から紙の代わりになるものを作ることができるなんて信じられますか？
それはプラスチックごみをへらすことができるかもしれないのです。

石灰石から紙の代わりを作る

地球には土や岩石がたくさんあります。その中で
セメントの材料にもなる石灰石という石があります。
　TBMという会社が、この石灰石を使って紙に代
わる新しい素材を作っているのです。これがLI
MEXです。
　石からできたLIMEXですが、木のパルプから
できた紙と同じように軽く、印刷ができ、冊子や袋
を作ることもできるのです。
　LIMEXは作るときに水をほとんど使わず、また作るときのエネルギー
も少なくてすむので、地球環境にやさしいのです。そのうえ、使い終わると

世界中にたくさんある石灰石

何度でもリサイクルが
できるそうです。
　製紙工場はたいてい
水の豊富な海の近くに
建設されますが、中東
やアフリカなど水の乏
しい国でもLIMEX
の工場を造ることがで
きます。

プラスチック製品の代わりに

　ＬＩＭＥＸはちらしやパンフレットとして使われますが、やぶれにくく水に強いという特性があるので、地図やレストランのメニュー、お店のショッピングバッグにも使われています。

水やよごれにも強いので地図やメニュー、お店のショッピングバッグなどにも使われる

　また紙の代わりとしてだけでなく、プラスチックに代わる素材としてレジ袋やお皿、コップ、スマートフォンケースやかさも作ることができ、リサイクルが可能なのです。

　このような地球環境にやさしいＬＩＭＥＸが多くの人に使われるようになると、プラスチックごみを少しでもへらすことができるかもしれません。これからもＬＩＭＥＸがいろいろな形で使われていくことが期待されます。

（34〜35ページの写真提供：株式会社TBM）

プラスチックに代わる製品がいろいろできている

環境にやさしい袋

レジ袋やおかしの袋が、ぽいすてされて、海や川に流れこみ、生きものを苦しめています。

シカの胃からプラスチックごみが

　海にただよう、レジ袋やプラスチックごみをエサとまちがえて飲みこんだクジラが死んで浜に打ち上げられたというニュースを見たことはありませんか？　プラスチックごみは海の生きものに大きな被害を与えています。それだけではありません。じつはこんなことがありました。

　奈良公園には野生のシカが約1300頭いて、観光客はシカたちとのふれあいを楽しんでいます。

（写真提供：川上悠介）

　しかし2019年に弱って死んだシカが何頭も発見されました。死因を調べるため解剖してみると、そのうちの1頭の胃の中からはなんと3.2キログラムものプラスチックごみのかたまりが出てきたのです。よく調べてみるとそれはレジ袋やおかしの袋でした。

　シカたちは食べ物のにおいのついた袋をまちがって食べてしまったようで

す。

　シカがレジ袋を食べてしまうと、胃の中でとけず、とどまり、つまってしまいます。食欲をなくしたシカは、好物のしばやドングリを食べることができずに弱って死んでしまったそうです。

　このようにレジ袋やおかしの袋などのプラスチックごみをぽいすてすると、海や陸の生きものを苦しめることになるのです。

シカの胃から出てきたプラスチックごみ
（写真提供：一般財団法人奈良の鹿愛護会）

プラスチックごみをあさるシカたち（写真提供：川上悠介）

紙でできたおかしの袋

　日本製紙という会社では、シールドプラスという新しい紙を開発しました。この紙はポテトチップスやおせんべいなどのおかしを入れる袋としても使われます。

　シールドプラスは、紙のうらに酸素や水蒸気、そしてにおいを通しにくい安全な塗料をうすくフィルムのようにぬっています。

　これまでの袋は中身がしけったり、においがもれたりしないよう、ビニールのうらにアルミ箔やプラスチックフィルムをはりつけているものがほとんどです。しかしこのような袋では、ぽいすてされると環境や生きものにも良い影響を与えません。

しかしシールドプラスはほとんど紙を使っているので、万が一、生きものが食べてしまっても、紙の部分は胃に残らないので、ビニール袋やレジ袋のような危険は少ないようです。

シールドプラスは酸素も水蒸気もにおいも通さない　※この図は実際より分かりやすいよう簡略化しています。

　プラスチックやアルミを使ってしかできなかったことが紙でもできるようになると、環境や生きものにもやさしくなるはずです。シールドプラスのような紙が、たくさんの食べ物の包装や袋に使われると、プラスチックごみの問題は少しでも解決されるかもしれません。
　しかし大切なことは、使い終わったものをぽいすてしてはいけないことです。わたしたちは、いつもこのことを頭に入れておかなければなりません。

環境にやさしいシールドプラス　　　　　　　　おせんべいの袋としても使われている

（写真提供：日本製紙株式会社）

第4章

未来の紙が
世界を変える！

これまではプラスチックごみの問題から、
わたしたちが使っている紙について
説明してきました。
この章では、新しい紙の可能性を見ていきましょう。
わたしたちの国には、
世界があっとおどろく技術があるのです。

日本発の新しい素材

日本の科学者や製紙会社が研究を進めているのが、セルロースナノファイバーというものです。セルロースナノファイバーとはいったいなんでしょうか？

世界から注目される

紙の原料となるパルプは木のせんいであることを説明しました。セルロースとは木のせんいの主な成分のことで、ファイバーとはせんいのことです。ナノとは10億分の1というとても小さい単位を表しています。

セルロースナノファイバーとはパルプとなる木のせんいの1000〜10000分の1という、とても小さなせんいのことです。

このセルロースナノファイバーは、いま世界から注目される「日本発の新しい素材」なのです。

なぜ世界から注目されるかというと、木のせんいが成分なのに、乾燥するとなんと鉄の5倍の強さになるといわれています。また酸素やガスを通さない、水分をたくさんふくむことができる、熱によってのびたりちぢんだりしないなど、ほかには見られないさまざまなすばらしい特長をもっているからです。

しかも木からできているので、石油や石炭のようにほりつくしてなくなることはありません。リサイクルも可能で、環境にやさしいものです。まさに「未来の紙」といえるセル

パルプの拡大写真

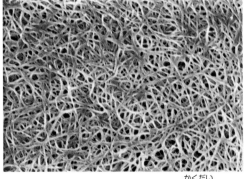

セルロースナノファイバーの拡大写真
（写真提供：大王製紙株式会社）

ロースナノファイバーについて説明していきましょう。

車のボディーや電子回路にも

　セルロースナノファイバーは木のせんいをとても細かくしなければなりません。その方法はエネルギーをたくさん必要とし、むずかしかったのです。

　しかし東京大学大学院の磯貝明先生が、ある方法でセルロースナノファイバーを簡単に取り出すことに成功しました。しかも使うエネルギーを100分の1まで少なくすることができたのです。

　この方法を研究し発明した磯貝明先生たちは、2015年に「森林のノーベル賞」といわれるマルクス・ヴァーレンベリ賞を受賞し、世界中から注目されました。

　このことによって、日本はセルロースナノファイバー実用化に向けた研究を世界のトップレベルで進めています。

　京都大学の矢野浩之先生はセルロースナノファイバーの軽くて強いという特性を生かして車のボディーに使う研究を進めています。

　セルロースナノファイバーを車のドアなどに使うことで車体が軽くなるため、ガソリンの節約にもつながります。

　大阪大学の能木雅也先生はセルロースナノファイバーを使って透明なシートを作り、そのシートが熱に強く、平らであるという特性を生かし、スマートフォンの中にある電子回路に使う研究をしています。

　これによってスマートフォンはよりうすく軽く作ることができるそうです。しかも電子回路に使ったシートは木のせんいからできているので、古紙回収にも出せるというのです。

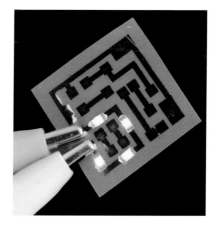

セルロースナノファイバーでできた電子回路
（写真提供：大阪大学　能木雅也）

製紙会社の取り組み

　製紙会社は紙を作るため木や古紙からパルプを作ります。セルロースナノファイバーはパルプを細かくほぐすことでできるので、王子製紙、大王製紙、日本製紙など日本の大きな製紙会社が、いろいろなアイデアを出し、セルロースナノファイバーをどのように製造し、どこに使えるかなど、研究開発に取り組んでいます。

　セルロースナノファイバーを取り出しても、さまざまなものに利用できるようかわかして粉にしたり、シートにしたり、固めたりするのに、時間とお金がかかります。

　価格を安く、使いやすくするために製紙会社では毎日研究や実験に取り組んでいます。

　大王製紙ではセルロースナノファイバーから自動車レースに使う車のドアや卓球のラケットの一部を作ったりしています。まだまだ数は少ないですが着実に前に進んでいます。

（SAMURAI SPEED提供）

また大王製紙では世界初の技術で、セルロースナノファイバーが入ったトイレそうじのシート「キレキラ！ トイレクリーナー」を発売しています。

　研究開発を進めている大川淳也さんはこのように話しています。「人間がすごいのではなく、木の中にあるすばらしい力を持つせんいをわたしたちがほぐして使わせてもらっているだけといえます。でもこのセルロースナノファイバーをもっと研究して、地球環境を守るためにもたくさん使えるようにがんばっていきます」

（写真提供：大王製紙株式会社）

ミカンの皮からも

　セルロースナノファイバーは植物のせんいがあれば取り出せます。雑草や稲をかりとったあとのわらからも取り出すことができます。

　そのことに着目した愛媛大学の秀野晃大先生は、ミカンの皮やじょうのう膜（ミカンの果実を包んでいる半透明のうすい皮）からセルロースナノファイバーを取り出す研究を進めています。

（写真提供：愛媛大学紙産業イノベーションセンター）

愛媛大学のある愛媛県はミカンの産地です。ジュースにも利用されるのですが、しぼったあとのミカンの皮は年間１万8000トンにもなり、その内の３割にあたる約5400トンがごみとしてすてられていました。

ミカンの皮から取り出すセルロースナノファイバーは木材パルプからよりも取り出しやすく、油とまざりやすく、また水分を保つ力が強いのでサラダドレッシングなどの食品やハンドクリームなどの化粧品にも使える可能性があります。

このようにセルロースナノファイバーは木や植物などのせんいの力を使って、これからもわたしたちのため、地球環境を守るために大きく活躍してくれることでしょう。

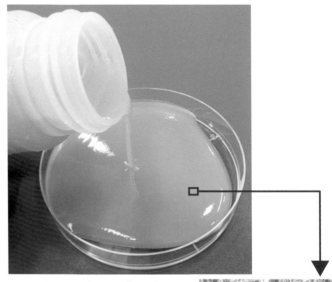

ミカンの皮から作った
セルロースナノファイバー

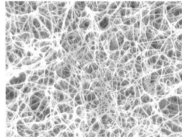

電子けんび鏡で見た拡大写真
（写真提供：愛媛大学紙産業イノベーションセンター）

参考文献

『クジラのおなかからプラスチック』保坂直紀・著　旬報社

『紙のひみつ』おぎのひとし・漫画　学習研究社

『紙のなんでも小事典』紙の博物館・編　講談社

『紙の歴史と製紙産業のあゆみ』公益財団法人　紙の博物館

『わかりやすい紙の知識』公益財団法人　紙の博物館

『和紙と洋紙』公益財団法人　紙の博物館

『まんが「紙リサイクル」』公益財団法人　古紙再生促進センター

『調べようごみと資源3　びん・かん・プラスチック・ペットボトル』松藤敏彦・監修　小峰書店

『よく知って、減らそう！　ごみの大研究』寄本勝美・監修　ＰＨＰ研究所

環境省ホームページ「日本の廃棄物処理　平成29年度版」

環境省ホームページ　地球環境局「世界の森林を守るために」

経済産業省ホームページ生産動態統計調査平成28年 年報

一般社団法人 産業環境管理協会ホームページ

資源・リサイクル促進センター「小学生のための環境リサイクル学習ホームページ」

森林・林業学習館ホームページ「世界の森林」

大王製紙ホームページ

竹尾ホームページ「紙前史」

東京新聞TOKYO Web 「よみがえる古代の大和　古事記1300年のツボ」

ナショナルジオグラフィックNEWS2018年11月21日「『世界の廃プラ処理場』は中国から東南アジアへ」

日本製紙連合会ホームページ

日本製紙グループホームページ

一般社団法人 日本プラスチック食品容器工業会「プラトレ★ネット」

プラなし生活「プラスチックの歴史をチラ見してみよう」「海のプラスチックは分解にどのくらい時間がかかる？」

読売新聞オンライン2018年９月12日「あふれるプラごみ、世界をむしばむ」

私の森.jpホームページ「日本の森・世界の森」

Science Advances 19 Jul 2017　Roland Geyer氏ほかによる論文

IPCC第5次評価報告書特設ページ

JCCCA：全国地球温暖化防止活動推進センターホームページ

YAHOO！きっず「環境」

WHOホームページ 世界保健統計2019年版人口統計

WIRED「フルーツからできたエコな紙」

WWFジャパン「地球温暖化が進むとどうなる？その影響は？」

50音順さくいん

● 著者紹介

小六信和（ころく のぶかず）

1984年明和製紙原料株式会社に入社。1992年同社代表取締役社長に就任、2018年6月同社代表取締役会長に就任する。中国地区製紙原料直納商工組合理事長、公益財団法人古紙再生促進センター理事などを務める。
全国の小・中学校や婦人会、市民団体などで年間約100回の「コロッケ先生の古紙リサイクル出前授業」を行う。
ホームページ：コロッケ先生の情熱！ 古紙リサイクル授業　http://www.korokkesensei.com/

中村文人（なかむら もんど）

大学卒業後、出版社に勤務。書籍編集に携わりながら、絵本・童話の執筆を行う。
現在は編集企画シーエーティー代表。主な作品に『みんなだいじななかま』（金の星社）、『コロッケ先生の情熱！ 古紙リサイクル授業』『奈良 鹿ものがたり』（ともに佼成出版社）などがある。
「絵本・童話の創作オンライン　新作の嵐」主宰　https://shinsakunoarashi.com/

● イラスト
みろかあり

● 編集
編集企画シーエーティー

● 装丁・本文フォーマット・デザイン・DTP・図版作成
ナークツイン

●表紙写真協力
川上悠介（プラスチックごみを食べる奈良公園の鹿）　株式会社三和紙店（福咲和紙）　株式会社ＴＢＭ（石灰石でできたショッピングバッグ）　ＮＰＯ法人非木材グリーン協会（非木材でできた紙コップ）　日本製紙株式会社（シールドプラス）　一般社団法人ＪＥＡＮ http://www.jean.jp（海岸に流れ着いたプラスチックゴミ）

CD56214

おもしろ"紙学" ― 紙の未来とわたしたちの生活
エコ ― 紙はやさしいんだ！〔環境を守ってくれる〕

2020年3月16日　初版第1刷発行

著　者　小六信和　中村文人
発行者　志村直人
発行所　株式会社くもん出版
〒108-8617　東京都港区高輪4-10-18　京急第1ビル13F
電話　03-6836-0301（代表）
　　　03-6836-0317（編集部直通）
　　　03-6836-0305（営業部直通）
ホームページアドレス　https://www.kumonshuppan.com/
印刷所　大日本印刷株式会社

NDC519・くもん出版・48P・28cm・2020年・ISBN978-4-7743-2874-4
©2020　Nobukazu Koroku & Mondo Nakamura
Printed in Japan